1 MONTH OF
FREE
READING

at

www.ForgottenBooks.com

By purchasing this book you are eligible for one month membership to ForgottenBooks.com, giving you unlimited access to our entire collection of over 1,000,000 titles via our web site and mobile apps.

To claim your free month visit:

www.forgottenbooks.com/free1217906

ISBN 978-0-332-31315-3
PIBN 11217906

PRÉFACE

—

C'est avec grand plaisir que je me rends à la demande de l'auteur de cette brochure — qui donne un aperçu plein de talent sur le premier grand procès international à la Cour de La Haye — d'écrire quelques lignes de préface.

Comme membre du Tribunal d'arbitrage dans l'affaire Vénézuélienne, je n'ai ni des impressions à publier, ni des appréciations à faire sur la marche de la procédure devant ce Tribunal. Sous ce rapport, je respecte la pleine liberté de l'auteur, sachant d'avance que ses appréciations seront pénétrées d'un amour sincère pour la grande cause que nous défendons, savoir celle de l'arbitrage international en cas de conflits entre les nations. En reconnaissant la pleine liberté d'appréciation de l'auteur, je sais qu'il respecte mes idées personnelles sur la matière qui nous intéresse tous les deux. Dans ces conditions, je prends la liberté de faire quelques observations sur l'arbitrage international qui, dans les circonstances actuelles, est soumis à une épreuve bien pénible.

Les tristes évènements d'Extrême-Orient ont découragé beaucoup d'amis de l'arbitrage international et ont jeté le trouble dans les âmes des plus dévoués défenseurs de la paix entre les nations. On se demande à quoi bon la Cour permanente d'arbitrage de La Haye, si une nation contractante de la Convention de La Haye de 1899, sans crier gare, sans déclaration de la guerre, et sans laisser à son adversaire même le temps d'avertir ses autorités militaires de la rupture des négociations diplomatiques, a pu se jeter sur la flotte de l'adversaire et faire couler ses navires. Si une puissance ayant pris part à la Conférence de la Paix de 1899 peut impunément se jeter sur son adversaire sans même attendre la réponse aux propositions faites, à quoi bon respecter la convention de La Haye et à quoi bon construire un palais de la paix ?

Ces questions et ces doutes sont naturels et fondés. Toutefois, il ne faut pas oublier que, dans la nuit du 7 au 8 février, ce n'était pas l'escadre japonaise qui se jetait à Port-Arthur sur les navires de guerre russes. Non, c'était l'Asie qui attaquait l'Europe et c'était le premier choc violent entre la civilisation asiatique et celle de l'Europe chrétienne. Ces deux civilisations ont des idées absolument différentes sur l'arbitrage international. Tandis qu'à Saint-Pétersbourg, jusqu'au dernier moment, on examinait consciencieusement la *possibilité de s'adresser à la Cour Permanente de La Haye pour vider le conflit avec le Japon, à Tokio on s'en moquait évidemment.*

C'est l'appréhension que le Japon, quoique partie contractante de la Convention de La Haye, n'accepte jamais le recours à la Cour permanente de La Haye, qui certainement, a empêché la proposition russe d'y arriver. A Saint-Pétersbourg on a voulu sérieusement jusqu'au dernier moment la paix, à Tokio on a voulu et systématiquement préparé la guerre. L'attaque nocturne de Port-Arthur en fait preuve d'une manière irréfutable.

Pourtant, il serait bien regrettable que cette conduite d'une puissance asiatique pût décourager les sincères amis de l'arbitrage international. Non, l'avenir lui appartient sinon en Asie, du moins en Europe.

Dans le monde chrétien et civilisé, l'arbitrage doit parcourir trois phases : 1° les questions d'un caractère absolument juridiques seront seules soumises à l'arbitrage ; 2° les questions juridiques seront séparées des conflits politiques qui ont surgi entre les nations, afin d'être soumises à la Cour permanente de La Haye; 3° enfin, dans la troisième et dernière phase, tous les conflits juridiques ou politiques, entre les nations, trouveront le chemin de La Haye et seront vidés par la Cour permanente.

Dans ce moment-ci, nous ne sommes qu'à la première phase acceptée par la convention de La Haye de 1882 et confirmée par les traités d'arbitrage entre la

France, l'Angleterre et l'Italie de l'année passée. Toutefois, il serait puéril de croire qu'à cette première
phase s'arrêtera le développement de l'arbitrage international. Non, je suis profondément convaincu que
bientôt arrivera le moment où les nations chrétiennes et
civilisées se convaincront de la nécessité absolue de s'a-
dresser à la cour de La Haye pour vider même les
questions en litige, dans lesquelles sont mêlés des intérêts politiques d'une importance soi-disant « vitale ».

Mais ce point de vue n'est pas accessible à une nation
asiatique. Pour le comprendre, il faut non-seulement
une constitution politique appropriée, mais il faut le
sentiment de la solidarité avec toutes les nations du
monde chrétien et civilisé. Ce n'est que parmi ces nations
que se peut développer la profonde conviction que la
sanction des sentences arbitrales ne consiste nullement
dans une force brutale quelconque de la partie gagnante,
mais uniquement dans la force morale de la parole
donnée de se soumettre docilement à l'arrêt prononcé et
de l'exécuter consciencieusement, sans murmures et
sans reproches. Aucune puissance asiatique n'a pu,
jusqu'à présent, s'élever à cette conception de l'arbitrage
international.

F. DE MARTENS.

La Haye, le 24 Février 1904.

LE PREMIER
GRAND PROCÈS INTERNATIONAL
A LA COUR DE LA HAYE

Quand, au commencement de l'année 1899, on connut l'initiative grandiose que prenait l'Empereur de Russie de convier les chefs d'Etat du monde civilisé à former un Congrès universel pour jeter les bases de l'arbitrage international permanent — il y eut aussitôt *deux* courants où se manifestèrent les deux « états d'esprit » qui désormais suivront le mouvement pacifiste dans ses développements, comme ils accompagnent du reste tout grand mouvement : celui de l'enthousiasme et de la foi, celui du scepticisme et du doute.

— Que peuvent-ils espérer d'une pareille assemblée ? *demandaient* les sceptiques en parlant des croyants. Bien au reste mieux que son échec ne démontrera la folie de leurs rêves.

Le 29 juillet, après un échange de hautes vues ra-
tionnellement conduit, les représentants dûment auto-
risés de vingt-six états (1) signaient la Convention de
La Haye « pour le règlement pacifique des conflits in-
ternationaux ». En 61 articles étaient réglementées « la
médiation », les commissions internationales d'enquête
et « l'arbitrage » proprement dit. La fédération juridique des nations civilisées était ainsi fondée, son tribunal institué (2).

Il fallait que ce tribunal fonctionnât.

Le 14 octobre 1902, le premier tribunal constitué
conformément à la charte de 1899 rendait sa première
sentence. A la vérité, le litige qu'il tranchait était
presque un différend d'ordre privé (entre les Etats-Unis

---

(1) Allemagne, Angleterre, Autriche-Hongrie, Belgique,
Chine, Danemark, Espagne, Etats-Unis, France, Grèce, Italie,
Japon, Luxembourg, Mexique, Monténégro, Pays-Bas, Perse,
Portugal, Roumanie, Russie, Serbie, Siam, Suède et Norvège,
Turquie, Bulgarie.

(2) Le mot tribunal est pris ici dans un sens général ; mais à
ce sujet il est à noter que la désignation exacte de la juridiction
internationale est « cour *permanente d'arbitrage de La Haye* »,
tandis que le « tribunal arbitral » désigne la juridiction instituée
en vue d'un litige déterminé.

Quant aux décisions de ces tribunaux, elles portent le nom de
« sentences ».

et le Mexique, relativement à certains droits des évêques de la Haute-Californie) — et encore la décision qui intervenait ne statuait-elle pas sur le fond du débat, mais seulement sur « une exception », celle de la chose jugée qui fut, du reste, admise.

— Manifestation bien platonique ! grommelèrent alors les réfractaires.

Peut-être, mais le fait n'en était pas moins acquis : la juridiction de La Haye avait affirmé son existence, elle avait siégé, elle avait jugé.

Toutefois, il fallait plus et mieux : On avait eu, comme l'a écrit un publiciste, un « lever de rideau ». Il fallait « la grande pièce ».

Elle vient d'être représentée, dirons-nous pour continuer cette métaphore pourtant un peu irrespectueuse, avec une ampleur telle que désormais toutes les espérances en l'avenir de l'arbitrage sont autorisées.

Il n'entre nullement dans le cadre de cette brochure de présenter une étude complète du conflit Vénézuélien puisque nous n'avons voulu noter ici que la physionomie de ce premier grand procès et les impressions qu'elle nous a laissées.

Aussi bien suffira-t-il de rappeler succinctement les diverses phases des négociations qui devaient heureusement aboutir à la solution pacifique souhaitée.

Le conflit, on le sait, a son origine dans les nombreux emprunts contractés, ces dernières années, auprès des différentes puissances européennes et américaines par la République du Vénézuéla, qui avait à faire face aux incessantes révolutions que l'on connaît. Le malheureux pays, ne pouvant payer ses dettes, fut poursuivi de toutes parts et trois de ses créanciers l'Angleterre, l'Allemagne et l'Italie crurent devoir user de force envers leur débiteur, et, de concert, organisèrent un blocus des côtes Vénézuéliennes qui n'alla pas sans entraîner la destruction de la faible flotte ennemie. Ce blocus aboutit, le 13 janvier 1092, à la signature d'un « protocole » ou acte préliminaire signé par la Grande-Bretagne et le Vénézuéla, aux termes duquel les points en litige devaient être réglés par une commission mixte et, en cas de désaccord entre les représentants des puissances, par un tiers arbitre à désigner par le Président des Etats-Unis d'Amérique.

Ce fut le président Roosevelt qui, déclinant la proposition en ce qu'elle le concernait et se souvenant qu'une juridiction internationale venait d'être instituée grace à une merveilleuse entente, engagea vivement les puissances en cause à recourir aux bons offices de la Cour d'Arbitrage de la Haye.

Nouvelles négociations, et nouveau protocole signé à Washington le 7 mai par le Vénézuéla d'une part et par l'Angleterre, l'Allemagne, et l'Italie d'autre part.

Cet arrangement portait que les réclamations des particuliers seraient réglées par une Commission mixte qui siégerait à Caracas, tandis que les questions relatives au traitement *préférentiel* ou *individuel* des puissances demanderesses et au mode de répartition des sommes prélevées à raison de 3o % sur les recettes douanières de la Guayra et de Puerto Cabello seraient solutionnées par voie de recours porté devant la cour internationale d'arbitrage.

C'est ici, en effet, que nous voyons apparaître la grave question de principe qui doit donner une si haute portée à la décision à intervenir : celle du droit de *préférence*, du caractère de créanciers *privilégiés* invoqué par les trois puissances bloquantes et tiré de leur seule qualité de belligérantes, par rapport aux autres puissances qui, sans coup férir, avaient attendu la levée du blocus pour « produire » leurs créances. Nous verrons tout à l'heure la place que tint au procès la discussion de cette « exception » soulevée : on voit, dès maintenant, l'étendue de la question à résoudre

par un tribunal de la Paix : « L'emploi de la force
crée-t-il pour les nations un droit de préférence sur
celles qui ne l'ont point employée ? »

Mais poursuivons notre rapide historique :

L'article 3 de la convention ci-dessus stipulait que
l'empereur de Russie serait sollicité de désigner et de
nommer, parmi les membres de cette cour permanente,
trois arbitres qui ne devraient pas être ressortissants
des puissances signataires ou créditrices. Au surplus,
tous pays ayant des réclamations à faire valoir contre
le Vénézuéla étaient admis par ce protocole à recourir
comme parties à l'arbitrage.

Outre les trois puissances qui avaient opéré le blocus, les pays adhérents à la convention du 7 mai
étaient les Etats-Unis, la France, l'Espagne, la Belgique, les Pays-Bas, la Suède et la Norvège et le
Mexique.

C'est ainsi que se trouvaient engagées dans le conflit presque toutes les grandes puissances d'Europe et
d'Amérique, ce qui devait donner une si grande ampleur à la manifestation pacifique ; mais ce qui devait
aussi, dans un autre ordre d'idées, embarrasser singulièrement l'empereur de Russie, chargé de désigner
trois arbitres de nationalité étrangère aux pays intéressés.

En premier lieu, le tsar conféra ces hautes fonctions à Son Excellence M. Nicolas Mourawiev, ministre de la justice de Russie, Secrétaire d'Etat, puis à M. *Lardy*, Ministre plénipotentiaire de Suisse à Paris, et à M. le professeur Matzen, l'éminent jurisconsulte, membre de la Chambre haute de Danemark.

Or, postérieurement à cette désignation, déjà délicate parce que restreinte, des citoyens suisses et des sujets danois produisaient à leur tour des réclamations contre le Vénézuéla, de sorte que MM. *Lardy* et Matzen se voyaient *ipso facto* dans l'obligation de se récuser et de décliner la haute mission à eux conférée.

C'est ce qui explique que la première séance du haut Tribunal, fixée au premier septembre, ne put être tenue à cette date, et, d'accord avec les représentants des diverses nations, dut être ajournée à un mois par son président, seul arbitre présent à La Haye, sans que fut dressé aucun autre acte· qu'un procès-verbal de carence, signé par le seul secrétaire général, M. de Ruyssenaers.

A la vérité, ce fut une première déconvenue que, bien entendu, la presse hostile au grand mouvement ne manqua pas d'exploiter avec la douce ironie qui lui est familière. On parla aussi de mauvaise volonté, de manœuvres occultes, d'obstruction systématique de l'un des pays intéressés, l'Allemagne pour ne point la nommer... Toutes allégations qu'il vaut mieux déclarer sans fondement, puisque aussi bien la preuve n'en a pas été rapportée.

D'ailleurs, dans le cours du mois, les deux hautes fonctions étaient pourvues d'éminents titulaires en la personne de M. de Lammasch, membre de la Chambre haute d'Autriche, professeur de droit international et de M. de Martens, professeur de l'Université de Saint-Pétersbourg, membre du Conseil du Ministère des Affaires étrangères, et le 1er octobre, jour fixé, la plus haute juridiction du monde pouvait siéger à la Haye, pour examiner le premier grand conflit international soumis à la loi du Droit.

Nous voici dans la patrie de Grotius.

La capitale-résidence ne semble pas autrement émue de l'événement dont elle va être le théâtre ; ses paisibles habitants vaquent à leurs occupations avec leur sérénité coutumière.

Vite, renseignons-nous sur la situation exacte du Palais de la Paix : la plupart des habitants, auxquels nous demandons dans un jargon où un vague allemand le dispute à un français volontairement corrompu, les indications nécessaires, croient comprendre qu'il s'agit du Palais des Congrès et montrent le chemin de la *Hausimbusch*. Tout de même, avec l'*adresse* exacte, on arrive au but : 71 Prinzen gracht.

— C'est là !

Nous sommes dans un large et vieux faubourg, dont la chaussée, il y a deux mois encore, était un canal aujourd'hui comblé. Au n° 71 est un hôtel particulier, absolument semblable à ceux qui l'entourent et que rien ne désigne à l'attention : trois hauts étages à larges fenêtres, une façade tout en pierre de taille jaunie qu'agrémentent à peine quelques cariatides, un double perron à rampe de fer donnant accès directement sur la rue : tel est le Palais provisoire de l'Arbitrage, loué en hâte à un officier d'ordonnance de la Cour qui en est propriétaire.

Nous entrons dans un vestibule dallé plutôt étroit. Un conservateur en frac, avenant et polyglotte à souhait, fait les honneurs de céans et indique tout de suite du geste, sur la gauche, les deux salons Louis XV dont les portes de communication supprimées forment baie et dont le plus grand, celui du fond, constitue la salle d'audience même, alors

que le premier, un peu plus petit, est réservé à l'au
ditoire. Une sorte de fumoir sert encore de salle de
délibérations.

Le bureau du tribunal est recouvert, comme tout
mobilier, d'un tapis en drap vers mousse ; à ses pied
deux petites tables pour les secrétaires et sténographe
et, transversalement, les deux longues tables où s'as
siéront les représentants des diverses nations ; le
chaises réservées aux assistants portent les armes de
différents pays représentés. Aux murs, au-dessous
fort jolis trumeaux de style, s'étage la série des phot
graphies des souverains et chefs d'Etats des de
mondes, M. Loubet faisant pendant à M. le Préside
Roosevelt de chaque côté d'un grand portrait en pie
de S. M. la Reine Wilhelmine portant cette inscriptio
Une Reine de la paix.

En somme, l'aménagement s'efforce à rendre officiel
d'aspect une demeure privée qui ne peut se départir f
cilement de sa véritable destination et l'impression e
quelque peu heurtée que donne cet appartement mo
dain affecté à une réunion de si haut caractère ! On
saurait trop souhaiter, pour la dignité d'une pareil
institution, que soient employés au plus tôt les fonc
si généreusement affectés par M. Carnegie, le richi
sime américain, à la construction d'un véritable Pala

de la Paix (1). Au reste, hâtons-nous d'ajouter que l'impression forcément mesquine produite par un cadre trop restreint va se dissiper rapidement au cours d'une audience où se feront entendre les premiers hommes d'Etat et les plus éloquents avocats des diverses puissances.

Dix heures et demie. Les délégués sont tous présents, et échangent, en des langues variées où le français domine, les plus courtoises salutations — la plupart ayant déjà fait connaissance lors du Congrès de la Paix, quatre ans auparavant (2).

---

(1) On sait que M. Carnegie a en effet mis à la disposition de la Cour permanente une somme de 7 500 000 francs qui n'a pas encore trouvé son emploi, puisque les autorités n'ont pas même en vue, à l'heure actuelle, le terrain sur lequel doit s'élever la future construction.

(2) Voici les noms des délégués : *Allemagne* : MM. Buenz, Dr Zorn et Saelmans. — *Belgique* : MM. Woester et Cornez. — *Espagne* : M. de Villa Sinda. — *Etats-Unis* : MM. Bowen, M. L. Penfiel et W. S. Penfiels. — *France* : MM. Louis Renault, Clunet et Fromageot. — *Grande-Bretagne* : Sir Finlay, M. Cohen. Richards et Lacorn. — *Italie* : MM. Pierantoni et Bosdari. — *Mexique* : M. E. Pards. — *Pays-Bas* : MM. de Weckerlin et Cromelin. — *Vénézuéla* : MM. May Vogh, Bowen et Penfield. La Suède et la Norvège avaient confié leurs intérêts à M. de Weckerlin et l'Espagne avait choisi comme avocat adjoint Me Clunet.

Le Tribunal, composé comme on sait, fait son entrée, sans apparat aucun. MM. de Mouravieff, de Martens et de Lammash portent la simple redingote noire, comme d'ailleurs les délégués eux-mêmes.

Ceux-ci ont pris place et, d'instinct, les représentants des puissances « bloquantes » (Angleterre, Allemagne et Italie) se trouvent réunis de l'un des côtés de la « barre », tandis que les conseils des autres pays sont assis du côté opposé. Voilà qui, déjà, emprunte à la physionomie des juridictions de droit commun : ce sont bien des contradicteurs, des « parties » qui sont en présence et quels que doivent être, au cours des débats, la parfaite urbanité et le tact de chacun, nous allons voir s'accentuer ce caractère qu'il est essentiel de souligner dès maintenant : la similitude presque complète de ce grand débat international, quant à la forme, avec les audiences de nos juridictions privées — et, comme conséquence immédiate, la simplicité du mécanisme, la facilité du développement d'un aussi vaste procès.

C'est à M. de Mouravieff, précédemment élu Président par ses co-arbitres, qu'il appartient de déclarer le Tribunal constitué et de prononcer le discours d'ouver-

Les assistants ne peuvent se défendre d'une cer-
émotion à cette minute précise où ils assistent
ivement à la « mise en marche » si l'on peut
de l'œuvre si longuement préparée, enfin réa-

e dire de la manière dont l'un des ministres les
éminents de l'empire de Russie a rempli les très
s fonctions qui lui avaient été conférées? Rien
lonnera mieux idée que ce passage d'une allocu-
raiment digne de servir d'épigraphe à cette belle
de l'histoire internationale.

Il me parait presque superflu de signaler en ce moment
nnel à l'attention de l'illustre assistance la haute portée de
nouvelle manifestation de l'action judiciaire mondiale,
nue permanente et régulière depuis que les nations du
de civilisé, en promulguant la Convention de la Haye, ont
lamé l'équité intermédiaire suprème, quoique idéale, de
s différends, sinon de leurs destinées. Et vraiment, que
rrait-on donc ajouter à cette superbe évidence que nous
atons avec une satisfaction profonde les sympathies chaque
croissantes des peuples entiers et de l'élite des sociétés
mines pour la pensée généreuse de l'arbitrage internatio-
organe fidèle et ferme rempart de la paix; que nous
mes heureux d'avoir été désignés à faire encore un pas en
it dans la marche progressive de ce principe fécond et vi-
, à travers les épines et les ronces d'une voie fraichement
ée, malgré les obstacles multiples disséminés sur son che-

« min. Toutefois, je me reprocherais de passer sous silence
« signification particulièrement élevée de la réunion actuel
« Dans l'ordre chronologique, elle est la deuxième tenue so
« le régime de la Convention du 29 juillet 1899, mais c'est
« première due à l'assentiment et au concours de la pluralité
« puissances de la vieille Europe, d'habitude si lente à se d
« partir des pratiques anciennes et des procédés invétérés. Et
« qui fait ressortir, ce qui rehausse singulièrement la grav
« toute exceptionnelle de notre mission arbitrale, c'est que pe
« la première fois elle apparaît aujourd'hui dans sa conception
« plus sublime, dans son application la plus salutaire, d'arrêt
« d'enrayer les sanglantes calamités de la guerre. Ne l'oubli
« jamais, le canon, déjà grondant sur les côtes d'un petit p
« lointain, fut remplacé par la voix pacifique du jurisconsulte,
« force a reculé, s'est inclinée — puisse-t-elle le faire toujou
« — devant le droit ».

Et, comme il convient à un président d'audie
soucieux d'ouvrir au plus tôt les débats, M. de Mo
ravieff, avant même que soit dissipée l'impress
produite par ces pénétrantes paroles, procède raj
dement aux formalités préliminaires en invit
M. L.-H. Ruyssenaers, ministre des Pays-Bas,
remplir les fonctions de secrétaire général du Tribun
assisté de quatre secrétaires (1), et en déclarant, av

(1) Ce sont : MM. W. Roell, premier secrétaire du Bur
international de la Cour permanente d'arbitrage.

quelque réunion savante que nous avons assisté. M&

nous revenons à la forme judiciaire parfaite avec

décision qui était rendue le lendemain sur ce poi

par le *T*ribunal et dont les « considérants » présente

le plus grand intérêt au point de vue des grands proc

futurs.

En voici le texte :

Le tribunal arbitral,

Considérant,

« Que l'Allemagne, la Grande-Bretagne, l'Italie et le Vér
« zuéla, par le protocole du 7 mai 1903 signé à Washington,
« déclaré (art. IV) la langue anglaise comme la langue adop
« pour la procédure (Proceedings).

« Qu'aucune des puissances adhérentes au susdit protoc
« excepté la France, n'a fait de réserves formelles concernan
« stipulation sus-mentionnée ;

« Que les réserves faites par la France n'ont soulevé aucⁱ
« opposition formelle de la part des puissances intéressées ;

« Considérant que la décision du tribunal sur les langue
« employer n'implique aucune préférence à donner à une lan
« quelconque, mais quelle est inspirée seulement par des con
« dérations de convenance ayant trait uniquement à ce cas sp
cial ;

« Qu'il est impossible d'exiger des Membres du tribunal et
« représentants des parties l'emploi des langues qui ne leur s
« pas familières ; et d'autre part que la langue française est p
« tiquée généralement dans toutes les réunions et transacti
« internationales ;

« Décide :

« 1° Les procès-verbaux, les discussions et la sentence du tribunal d'arbitrage seront rédigés en Anglais et en Français. Les deux rédactions auront la même valeur authentique et juridique ;

« 2° Les mémoires écrits ou imprimés seront présentés en langue anglaise et pourront être accompagnés d'une traduction dans la langue du pays par lequel ils seront produits ;

« 3° Les débats devant le tribunal pourront avoir lieu en Anglais ou en Français.

C'est bien là la décision de justice avec ses motifs empruntés aux éléments de la discussion et son « dispositif » de forme impérative. Mais ce qui n'eut rien de judiciaire, ce fut la tentative de discussion qui suivit la lecture de la décision : M. Woeste, délégué belge, en fit fort à propos la remarque. Le Tribunal surtout eut le tort — qu'on nous permette de le dire respectueusement — de prononcer une « déclaration » complémentaire qui semblait déférer à une demande d'éclaircissements inadmissibles après sentence rendue. Il est juste d'ajouter qu'à l'une des séances suivantes, où plusieurs des délégués ne craignirent pas de mettre encore la même question en discussion, le Président rappela que le Tribunal avait rendu une

décision à ce sujet et que l'article 46 de la Convention
de La Haye interdit tout nouveau débat en pareil cas.

Nous retrouvons la véritable forme judiciaire —
qu'on nous pardonne de revenir avec cette insistance
sur un point, suivant nous, capital — avec la discussion relative à la qualité que prendront respective-
ment les parties aux débats. Il s'agit de l'ordre dans
lequel seront présentées les prétentions des différentes
nations. Or, étant donné qu'il s'agissait de la répartition entre divers créanciers des deniers d'un débiteur
commun, quelques-uns invoquant un privilège (d'une
nature spéciale, il est vrai) l'une des deux procédures
qui figurent, dans presque toutes les législations des
pays intéressés, semblait indiquée : la procédure de
l'ordre ou de la contribution, suivant qu'un privilège
serait ou non reconnu à certains créanciers.

Mais ce procès international présentait précisément
cette particularité que le privilège invoqué n'était
défini ni reconnu nulle part, qu'il faisait l'objet même
du débat, et que ni l'une ni l'autre de ces procédures
ne pouvait exactement s'appliquer, quant à la qualifi-
cation des parties.

C'est pourquoi, au nom des principales puissances
non bloquantes, Mʳ Clunet déposa des conclusions où
il demandait d'attribuer aux puissances bloquantes la

ualité de « demanderesses » parce qu'elles invo-
quaient un prétendu privilège dont il leur demandait
e faire la preuve — et de reconnaître aux puissances
ncluantes la situation de « défenderesses » — défen-
ant à « l'exception » proposée.

Ces conclusions valent d'être reproduites pour le
mérite qu'elles ont de présenter un parfait caractère
juridique.

Pour : La Belgique, l'Espagne, la France, les Pays-Bas, la
Suède et la Norvège. Parties défenderesses.

Contre : L'Allemagne, la Grande-Bretagne, l'Italie. Parties
demanderesses.

Plaise au tribunal arbitral,

« Attendu que l'Allemagne, la Grande-Bretagne et l'Italie ré-
clament un traitement préférentiel au détriment des autres
puissances qui ont des créances à faire valoir contre le Vénézuéla ;

« Attendu qu'elles demandent ainsi un véritable privilège con-
traire au droit commun, d'après lequel les divers créanciers
d'un même débiteur ont des droits égaux sur les biens de ce-
lui-ci, à moins d'un droit de préférence expressément reconnu
par le droit ;

« Attendu que, c'est un principe général, que toute partie

« demanderesse doit d'abord faire connaître les motifs de sa de-
« mande et que la partie défenderesse répond ensuite ;

« Par ces motifs :

« Décider que, dans le plus bref délai possible à fixer par le
« tribunal,

« 1° L'Allemagne, la Grande-Bretagne et l'Italie communique-
« ront aux autres puissances leurs conclusions motivées à l'appui
« de leur prétention ;

« 2° Que dans un délai raisonnable à fixer par le tribunal, le
« autres puissances répondront aux précédentes conclusions ;

Le 2 octobre 1903.

Signé :   Ch. Woeste,

Marquis de Villasinda,

L. Renault,

Weckherlin,

(pour les Pays-Bas, la Suède et la Norvège).

Cette thèse devait être énergiquement et utilemen
combattue par les puissances bloquantes dont l'une
l'Allemagne, soutint, non sans apparence de raison
qu'on pouvait tout aussi bien considérer comm
parties demanderesses « au principal » les puissance
non bloquantes, réclamant leur part du gage dont le
puissances bloquantes avaient la possession effective

Le délégué de l'Angleterre, M. Cohen, fit valoir ce
autre argument intéressant, à savoir que le tribunal n

uvait attribuer la qualité de demandeur ou défen-
ur, sans préjuger de l'existence même du privilège
ı question, et il déposa, à l'appui, des conclusions,
ı, s'en référant au protocole du 7 mai, il demandait
ı tribunal d'ordonner purement et simplement le
pôt des mémoires et contre-mémoires et de fixer la
ıte des débats oraux.

Ces conclusions furent, en somme, accueillies par le
ribunal, qui rendit la décision suivante :

« En vertu des articles II et IV du protocole du 7 mai 1903
des articles 39, 40, 42, 43 et 49 de la Convention du 29 juil-
t 1899.

Le tribunal décide :

1° Les parties présenteront au tribunal et se communiqueront
ıtuellement, en nombre suffisant d'exemplaires, les actes im-
més ou écrits et les documents contenant les moyens invoqués
ıns la cause, pas plus tard que le 18 octobre ;

2° Les répliques imprimées ou écrites à ces actes et documents
ıurront être produites par les parties dans les mêmes conditions
squ'au 2 novembre inclusivement ;

3° Après l'expiration de ces délais, mais avant la clôture des
ıbats, les parties ne pourront présenter des actes ou documents
ıe sur une autorisation spéciale du tribunal et à charge d'en
ınner connaissance à toutes les autres parties ;

4° La prochaine séance du tribunal pour la discussion orale
ıra lieu le 4 novembre prochain. »

2°

Une décision complémentaire rendue à la séance du lendemain précisa que « les délégués des Parties plaideraient dans l'ordre alphabétique (anglais) des pays qu'ils représentaient » — et ainsi furent réglées les principales questions de procédure de forme..

On se demandera peut-être, puisque nous avons examiné rapidement quel pouvait être le rôle juridique de chacune des parties aux débats, quel est celui qui était attribué à la République de Vénézuéla dont, en somme, il s'agissait de répartir les deniers. Pauvre Vénézuéla ! Son rôle fut aussi effacé au procès qu'il l'avait été au cours des hostilités si cruellement dirigées contre lui. Dans cette vaste « contribution » il avait le triste emploi de « partie saisie » assistant sans trop murmurer au débat qui se livrait, comme on dit, sur son dos. Sa cause avait été prise en mains, avec quelle énergie ! par les Etats-Unis, il avait partie liée avec eux et il les laissait agir et parler d'autant plus facilement que leur représentant était le sien.

Pendant tout le mois d'octobre, ce fut le travail silencieux mais combien actif, de l'échange des mémoires et des contre-mémoires entre les parties.

On comprendra que nous n'entrions pas dans le
détail des prétentions élevées et combattues par chaque
puissance : on en trouvera les éléments et les documents
dans des études spéciales (1). Nous ne pourrons donner
ici qu'un historique extrêmement rapide et surtout un
aperçu de la physionomie de la haute juridiction fonc-
tionnant pour la première fois.

Dans cet ordre d'idées, les audiences qui eurent lieu
du 4 au 14 novembre nous appartiennent, puisqu'elles
furent consacrées aux débats mêmes, c'est-à-dire aux
plaidoiries des avocats et délégués des puissances.

C'est alors surtout que s'est affirmé le caractère judiciaire qui nous semble la meilleure garantie de la vitalité
à venir de la juridiction internationale.

Cette fois, point de discours du Président : quelques
mots pour inviter les orateurs à la concision nécessaire
à la clarté des débats. Plus de discussions, de dia-
logues ni de conversations : des plaidoiries, se dérou-
lant dans leur plénitude, au milieu de l'attention et du
silence indispensables, ordonnées et développées par
des orateurs, des avocats éminents et exercés. Puis, les
plaidoiries terminées, des répliques, suffisamment

(1) Notamment la Revue de *Justice internationale* dirigée par
M. G. Hubbard, député, (numéro de janvier 1904).

brèves et s'appliquant étroitement aux arguments nou-
veaux. Enfin la clôture des débats prononcés et le ren-
voi au premier jour pour le prononcé du jugement.

Un écueil redoutable, en effet, et qui avait certainement dicté au respecté Président son avis préalable,
c'était les « redites » possibles par les avocats successifs,
notamment ceux des puissances non bloquantes qui .
d'une même cause, devaient, à tour de rôle, combattre
la thèse du privilège invoqué par l'adversaire.

Or, il n'en a rien été, tant il est vrai que des cerveaux
différents et des tempéraments divers, particulièrement
séparés en l'espèce par leurs races mêmes, doivent con-
cevoir et présenter un même sujet sous des aspects
dissemblables.

C'est ainsi que nous avons eu une première impression de ce contraste dès la séance d'ouverture au cours
de laquelle ont successivement pris la parole MM. Woester pour la Belgique et M. Clunet pour la France. Sans
que les représentants des deux pays se fussent jamais
concertés, il s'est trouvé que le premier a plaidé exclu-
sivement en droit et le second presque uniquement sur
le terrain du fait, l'un rattachant sa discussion au
caractère juridique du privilège, l'autre s'efforçant d'é-
tablir qu'à aucun moment l'adversaire n'avait eu la
pensée de prétendre à un traitement préférentiel. Et

puisque nous nous trouvons amené à un parallèle entre
les deux orateurs, pourquoi ne pas souligner aussi la
différence entre leur personne et la forme de leurs
magistrales plaidoiries : M. Woester, un chef de
parti éminent en Belgique, au profil sec et tranchant, à
la parole brève et nette de l'homme habitué à comman-
der, d'une incontestable autorité. Mᵉ Clunet, une tête
puissante de travailleur énergique adoucie par des yeux
bleus de myope, la parole large, soutenue et enveloppée
toujours d'une parfaite courtoisie. Le représentant de
la France a fourni là un magnifique effort dont, paraît-
il, des lettres patentes de satisfaction l'ont récompensé,
ainsi que ses collègues de la délégation, le très savant
professeur Léon Renault et Mᵉ Fromageot, avocat à
la Cour d'appel, qui ont contribué à donner à notre
représentation une autorité et un prestige unanimement
reconnus.

Avec le délégué de l'Allemagne, qui prenait le premier la parole en anglais au nom des « bloquantes »
contre les « pacifiques » (ces deux appellations ellip-
tiques étaient devenues courantes dans la bouche des
orateurs) nous sommes entrés dans le vif du débat.
L'honorable M. Bunz, consul général d'Allemagne à
New-York, qui représentait bien, il faut le dire, un
pays d'autocratie, n'a négligé aucun des arguments

fournis par les deux premières puissances déjà enten-
dues et sa conclusion fut formulée avec une intraitable
fermeté, pour ne pas dire avec dureté. « L'action des
bloquantes ayant servi les intérêts de tous, elles ont le
droit de revendiquer le privilège résultant de cette
action ».

M. Wayne Mac Veagh, délégué de Vénézuéla, avait
déjà prononcé son discours lors de la première réunion
du tribunal en octobre. Mais le ton ni l'effet n'en étaient
oubliés en novembre. On le vit bien dès que la parole
fut donnée au très éminent représentant de la Grande-
Bretagne qui n'était autre que sir Robert, B. Finlay,
membre du Parlement anglais et attorney général (chef
suprême du parquet) un bien bel orateur, de superbe
prestance avec son visage glabre, tout de froideur et de
finesse. M. Mac Veagh, en effet, avait été à la fois le
porte-paroles du Vénézuéla et des Etats-Unis et —
pourquoi ne pas l'écrire ici — de la grande et belle
lutte oratoire à laquelle a donné lieu le procès de La
Haye se détache très nettement le duel entre l'Angleterre et les Etats-Unis, ceux-ci ayant porté les premiers
coups avec une impétuosité trahissant l'audace de la
réussite sans cesse grandissante, celle-là parant les
coups et y ripostant avec le sang-froid un peu hautain
que donne une vieille et solide puissance : dans chacun

de ces rôles, les deux protagonistes dont nous venons
de donner les noms ont rempli à souhait leur emploi
respectif. Là, il faut le reconnaître, le débat s'est élevé
au-*dessus* des discussions purement judiciaires : il
se vidait entre deux rivaux heureux de l'occasion de
se rencontrer.

D'autres figures intéressantes se sont dessinées
encore au cours de ces dix audiences où décidément la
langue française l'a emporté de beaucoup puisque trois
orateurs seulement ont usé de l'anglais. C'est ainsi que
nous avons entendu avec grand plaisir le jeune délégué
espagnol, M. le marquis de Villarinda dont la plaidoirie
fut remarquable de forme et de fond et aussi, dans
une tout autre note, le commandeur Augusto Piéran-
toni, pour l'Italie, un orateur de puissante stature et
de verbe retentissant, dont l'esprit fut parfois un peu
facile, mais dont la valeur est incontestable.

Il faut nous borner.

La sentence, si impatiemment attendue, sera rendue au moment où ces lignes paraîtront. Quelle qu'elle
doive être, et quelles que soient nos préférences — qui
se devinent et pour cause — nous emportons des au-

diences suivies cette double conviction : que la *décision* sera inspirée uniquement par le droit et l'équité — et qu'elle sera exécutée sinon sans regret du moins sans murmure par les parties qui ont accepté, dans un bel élan, de s'y soumettre.

Et notre conclusion, c'est que, après de pareils débats, si facilement conduits, si parfaitement développés, tout espoir dans l'avenir de l'arbitrage est autorisé.

———

Saint-Amand (Cher). — Imprimerie Bessièas.